여전히 마음은 붉고

창연
디카
시선
023

황미연 디카시집
Dicapoem by Hwang Mi Yeon

여전히 마음은 붉고

창연

■ 작가의 말

누구를 기다리는 걸까

국화꽃 등 걸어 놓은 골목이
환하고도 쓸쓸하다

어머니께 이 디카시집을 바친다.

   2024년 가을 황미연

차례

■ 작가의 말 • 5

1부
꽃구경 • 12
노란 버스 • 14
청춘 일기 • 16
단단한 이력 • 18
괜찮아 • 20
오후 두 시 • 22
느닷없이 • 24
숨비소리 • 26
희망지기 • 28
별일 없었지 • 30
꽃 화석 • 32
바람 부는 날 • 34
북촌리 퐁낭 • 36
묻는다 • 38
애 • 40
묵상 • 42

2부
밀썰물 • 46
비손 • 48
봄비 • 50
이별 • 52
부메랑 • 54
눈이 부시다 • 56
결혼기념일 • 58
폭설 • 60
골목길 • 62
눈치 없이 • 64
또 깨달음 • 66
첫사랑 • 68
마음 창 • 70
완경 • 72
내게 넌 • 74
알아요 • 76

3부

실종 • 80
신생별 • 82
마중 • 84
아직도 • 86
생각의 방문 • 88
여름 향기 • 90
너를 읽다 • 92
이상 기후 • 94
시인을 사랑하다 • 96
마법의 시계 • 98
여전히 마음은 붉고 • 100
생의 무게 • 102
초상권 침해 • 104
거울 치료 • 106
장맛비 • 108
독거노인 • 110

4부
좋은 이유 • 114
뒷모습 • 116
가을 소나타 • 118
오히려 • 120
애타다 • 122
가을 • 124
쉽게 얻어지는 것은 없다 • 126
혹독한 봄 • 128
싱싱한 밥상 • 130
훈장 • 132
돌아보니 • 134
빈 둥지 증후군 • 136
잘못된 해석 • 138
쓸쓸함을 위하여 • 140
노부부의 외출 • 142
작가 정신 • 144

■ 해설
언어의 끝에서 마음으로 가는 길
– 김종회(문학평론가·한국디카시인협회 회장) • 146

1부
바람 부는 날

꽃구경

꽃나무 아래로
늙은 꽃나무 한 그루 걸어가신다

비로소

봄이 절정이다

노란 버스

방지턱 넘으면서
내리막길 내려오면서
횡단보도 건너면서
천천히 호흡하는 법을 배운다

순간마다 아이들은 한 뼘씩 자란다

청춘 일기

고민 많던 시절이었지

나만 아픈 줄 알았더니
너도 많이 흔들렸구나

단단한 이력

통증으로 밤을 지새우고도
언제 그랬냐는 듯
푸릇푸릇 힘 돋우는 엄마

몸져누울 겨를도 없이
자식들이 일으켜 세운

괜찮아

무수히 찔러대도
꿈쩍 않더니

저녁나절 찾아온 그 한마디에
마음 문 열어주네

오후 두 시

해가 정수리를 막 지나고

꽃분홍 침대에 누운 암탉

몸 푸느라 절정에 다다른

느닷없이

대상 없는 그리움이
비를 타고 내려오고 있다

숨비소리

물밑에서 올라와 심장에 박히는

살아야겠다는 간절한 한 호흡

희망지기

절절한 허리로 바람꽃 피우시네
푸른 봄 부르시네

차마 고개를 들 수 없네

내겐 늘 꽃손인 당신

별일 없었지

코로나는 높은 벽

오랜만에 만나 반가운데도
선뜻 다가서지 못하는 그들

아카시아 꽃향기가 대신 묻는다

꽃 화석

당신 마음 터널을 지나왔을 뿐인데
어느새
수천 년이 흘러가 버렸네

바람 부는 날

마음이 덜컹거려서

바다로 나가지 못하고
발이 묶인 배처럼

밤새 울었습니다

북촌리 풍낭

이제는 말할 수 있다

바람에 무저항이었지만
굴하지 않았다

* 풍낭: 팽나무의 제주 방언

묻는다

같은 풍경도
보는 눈이 달라서
저마다의 생각으로 읽는다

그대 마음 상태는 어떠신가요

애

어머님은 추석 전날
자식들은 해 질 녘에야 오는 줄 알면서도
이른 새벽부터 동구밖에
그 시간을 걸어 둔다

묵상

코에 단내나도록 뛰어다녔더니, 되다

짧고도 긴 하루
잴 수 없는 삶의 무게

잠시 내려놓고
나를 채우는 중이다

2부
알아요

밀썰물

하나 버리고 돌아서니
또 다른 게 들어선다

끝이 없어라,

달이 바닷물을 당기지 않을 때까지
반복될 저 욕심

비손

당신은 떠나시고
소원만 남아
고요히 늙어가고 있구나

봄비

누가 떨어트리고 갔을까
저 꽃 단추

이별

꿈을 꾼 것 같기도 하고
꿈을 꾸고 있는 것 같기도 하고

부메랑

함부로 내뱉은 한마디
되돌아오지 않아서

미안하다는 말 얹어
다시 보낸다

눈이 부시다

바글바글에서 바글 하나 떼어
적막 속으로 던졌더니
기포가 올라온다

노랗게 번지는
봄의 숨소리

결혼기념일

어쩌죠
내 눈엔 당신만 보이는걸요

몰래 키운 사랑
연을 맺었죠

폭설

예고 없이 찾아와
덥석 내 손을 잡는 순간
아무것도 보이지 않았다

사랑은 그렇게 온다

골목길

내 시선 끝에는
하늘도 태양도 아닌

늘
어머니가 걸려 있다

눈치 없이

입 다물고 있으면 모를 것을
고걸 못 참고
속을 다 내보이다니

또 깨달음

힘차게 살아가는 생의 소리
공중에 가득하다

바닥에 뉜 몸 일으켜
크게 숨 한번 쉬어야겠다

첫사랑

푸르고 푸르던 날
뼛속까지 하얗게 스며든
지울 수 없는 무늬

마음 창

갚을 능력도 없으면서
오늘도 바깥 풍경을 빌려와
눈을 씻는다

무한한 빚을 지고도
이토록 환해지다니

완경

내 안의 꽃물
다 쏟아내고 나니

마침내 완성된
집 한 채

내게 넌

괜찮아,
네 마음 다 보여주지 않아도

누구든 그럴 때가 있어

그냥 거기,
있어 주기만 해도 든든한걸

알아요

아무리 차갑게 대해도
속마음은 그렇지 않다는 것을

지금은 잠시 침묵의 시간

3부
여름 향기

실종

바다로 간 그들은
밀물이 되어서도 돌아오지 않았다

신생별

이리저리 구르고 굴러
묵묵히 나아가며 자신을 이겨내던

푸른 지구 위로
별 하나
떠오르고 있다

마중

일일드라마도 텃밭 놀이터도
오늘은 뒷전

아들 온다는 소식에
붉은 꽃 사정없이 피어나는
저 속력

아직도

가슴에 펼치지 못한 꿈이 있어
심장이 뛰는 거다

생각의 방문

비를 맞는다는 것은
자신에게 질문을 던지는 일

내일 아침엔 목련 꽃송이가
더 커지겠다

여름 향기

고요한 우주 안에
저 숨 막히는 적막

너를 읽다

무심한 세상을 향해
할 말이 있는 듯
자꾸만 노랗게 웃는다

흔들리며 피는 꽃도 있지만
흔들리면 지는 꽃도 있다고

이상 기후

빙하가 녹고 바닷물이 더워져
이사 왔더니
여기도 살 곳이 못 되네

지구인들이여, 그대들은 살만한가

시인을 사랑하다

파블로 네루다는 죽어서도
바다 향한 뱃머리에 누워
시를 쓴다더니

사공 잃은 나룻배 한 척,
봄을 필사하고 있구나

마법의 시계

언제든 떠올리기만 하면
이 시간으로 돌아와
나를 만날 수 있단다

아가야, 기억해 주렴

여전히 마음은 붉고

당신만을 사랑한다던 그 말
거짓말이 아니었나 봐

눈에서만 멀어졌을 뿐,

생의 무게

덜컥,
치매라는 굴레에 갇혀버린 엄마

더 이상 가벼워질 수 없는

초상권 침해

허락 없이 함부로
찍지 마세요, 제발!

거울 치료

몰랐던 내 마음을 마주하니
여러 감정이 차오른다

장맛비

무더위에 온 손님
반갑지만 반기지는 못한다

걱정거리 들고 온 자식 마냥
어두운 얼굴로 몇 날 며칠 머무를까, 봐

젖어 드는 마음 감출 길 없다

독거노인

허공으로 들어가
종일토록
먼 눈빛으로 앉아 있는

4부
가을 소나타

좋은 이유

시집 수필집 소설집 디카시집을
드나든다

바깥보다 집이 좋아서

펄떡거리는 언어 건져 올리려
이집 저집 유영하며 산다

뒷모습

부모는 든든한 자식을 보면
허리가 펴지고

자식은 등 굽은 부모 모습에
고개가 숙어지고

가을 소나타

한 손 장인이
고군분투하며 받아 적은
물푸레나무의 전언

지금, 바람이 연주 중이다

오히려

가시 덕분에
더 단단해진 생인걸요

걱정하지 말아요

애타다

산비탈에 번지는 불길은
양동이 물로 끈다지만

걷잡을 수 없이 타는 가슴
무엇으로 잠재울까

가을

당신 품 안에 드니
가슴이 넉넉해집니다

쉽게 얻어지는 것은 없다

절묘한 타이밍이라고
말하지 마세요

수백수천 번의 노력으로 얻은
왕관이니까요

혹독한 봄

버려진 꽃섬에
내 사랑 유배되었네

싱싱한 밥상

꼭두새벽에
어머니가 차려놓은 아침상

이슬 먹고 자랐으니
마음 놓고 드셔요

훈장

누군가는 우연이었고
누군가는 행운이었고
누군가는 업적이었다는데

생이 저물어 갈 때
당신은 무엇을 남기고 갈 건가요

돌아보니

스무 살 이후
하루도 쉬지 않고 달렸지

기상나팔 소리 아무리 울려대도
출근할 곳 더는 없지만

날마다 눈 부시는 아침이었지

빈 둥지 증후군

새는 꿈 찾아 날아가고
허전한 마음 달랠 길 없어
마냥 기웃거린다

잘못된 해석

오로지 혼자라는 자유에
갇히고 싶었는데
누가 세상과 단절시켜 놓았나

쓸쓸함을 위하여

누구든 가슴에 들이고 싶어
마음 한 자락 펼쳐놓았다

노부부의 외출

오랜만에 꽃단장하니
늙은 볼도 화사하다

삶의 이유였던 아들딸 마당에 서성이고

오늘처럼 빛나는 날
언제 또 있으려나

작가 정신

흔들리지 않는 중심으로
꽃 한 송이 피워보고 싶은

■ 해설

언어의 끝에서 마음으로 가는 길
― 황미연 디카시집 『여전히 마음은 붉고』에 붙여

김종회(문학평론가·한국디카시인협회 회장)

1. 풍경의 심층을 읽는 상상의 힘

　황미연 작가는 경북 영천에서 출생했고 국어국문학을 전공했으며 2007년 월간 《수필문학》으로 문단에 나온 수필가다. 수필가로서 선주문학상을 받았고 경북문화체험 전국수필대전에서 입상했으며, 《경북일보》 문학대전에서 은상을 받았고 제1회 대구수필가협회 작품상을 받기도 했다. 그동안 상재(上梓)한 수필집으로 『누군가 나를 부를 때』와 『꽃은 지면서 춤을 춘다』 등이 있다. 그런가 하면 2023년 〈제7회 황순원디카시공모전〉에서 우수상을 받는 등 디카시인으로서의 지경(地境)을 넓혀 이 시집을 간행하는 데 이르렀다. 디카시를 쓰기 이전에 갈고 닦은 문재(文才)가 탄탄한 만큼, 그의 디카시에는 빈틈이나 허술한 구석이 거의 없다. 마치 옷감이 좋아 옷이 잘 만들어지는 이치와도 같다.

　주지하다시피 디카시는 순간 포착의 사진과 촌철살인의 시어를 결합하는 시도로부터 말미암는다. 이 간략한

시 쓰기의 방정식을 충족하면 되는 까닭으로, 디카시는 누구나 창작할 수 있고 그 과정 또한 어렵지 않다. 다만 디카시의 미학적 가치 곧 예술성을 궁극적인 과녁으로 두고 보면, '잘' 쓰기가 쉽지 않은 문학 장르다. 이 시집의 1부 〈바람 부는 날〉에 실린 시들은, 우선 시인이 디카시 창작의 문맥을 잘 알고 있다는 사실을 확인하게 한다. 렌즈 저편에 있는 피사체의 풍경을 매개로, 세상사의 이치나 그것이 수용된 자신의 내면을 읽는 시각이 탁월하기 때문이다. 「별일 없었지」에서와 같은 심층적인 물음, 「묻는다」에서와 같은 합리적이면서도 단도직입적인 물음 등이 이를 잘 나타낸다.

마음이 덜컹거려서

바다로 나가지 못하고
발이 묶인 배처럼

밤새 울었습니다
　　　－「바람 부는 날」

예문의 시는 '바람 부는 날'이란 제목이 붙어 있고, 세찬 바람의 흔적은 처마 밑에 매달린 풍경 세 개가 모두 사선을 그리며 흔들리고 있는 것으로 짐작할 수 있다. 연안에는 작은 공원이 보이고 소형 선박들이 정박해 있으며 바다는 멀리 펼쳐져 하늘까지 닿아 있다. 어디서나 쉽사리 볼 수 있는 해안도로의 풍경이다. 시인은 이 광경을 두고 자신의 심경이 '바다로 나가지 못하고 발이 묶인 배'와 같다고 비유했고, 그 원인을 '마음이 덜컹거려서'라고 썼다. 이 여러 생각의 바탕에 바람이 있고, 사정이 그러하다면 그 바람은 강한 위력으로 풍경과 심경에 동일하게 작동하고 있다. 밤새 운 것은 배만이 아니라 화자의 마음이기도 했다. 그와 같은 양자를 조화롭게 결부한 곳에 이 시의 값이 있다.

꽃나무 아래로
늙은 꽃나무 한 그루 걸어가신다

비로소

봄이 절정이다
　　－「꽃구경」

 '꽃구경'이란 명호(名號)를 단 이 시는, 얇은 우산을 받친 채 벚나무 꽃길을 허리 숙이고 걷고 있는 한 노인의 뒷모습을 붙들었다. 바야흐로 낙화가 분분하니 '봄이 절정'이다. 꽃이 지는 것과 뒷짐 진 노인의 허약한 모습이 한데 어울린 정황은, T.S.엘리엇의 「황혼」에 못지않게 유사한 상관성을 효율적으로 담아낸 사례다. 그런데 더 중요한 가치는 몇 줄의 시에 있다. 시인은 꽃나무 아래로 '늙은 꽃나무 한 그루'가 걸어간다는, 매우 도전적인 형용을 내놓았다. 꽃구경 나온 할머니를 한 그루의 노화목(老花木)으로 본다면 할머니가 꽃을, 꽃이 할머니를 구경할 수도 있고 종내 우리가 두 꽃을 닮은 꼴이자 겹친 꼴로 바라볼 수 있는 상황이다. 시에 있어서의 애매성(Ambiguity)이 빛나는 성취를 이루었다.

2. 타자와의 관계성과 합일의 조건
　시인은 풀 한 포기, 바람 한 점을 보고서도 명상한다. 왜냐하면 그것들이 모여 삼라만상을 이루기에 그렇다. 그런데 그 자연의 경물(景物)이나 객관적 상관물이 타자(他者)로 작용하고, 시적 화자의 자아가 그 상대역의

위치에 섰을 때, 이 두 영역은 아연 긴장감과 활기를 띠게 된다. 이 경우의 시인은 그와 같은 객관적 대상에 감정을 이입하고 그에 가까이 다가서려 하며 대상과 자아의 동화(同化)를 시도할 수도 있다. 타자와 자아의 합일이 가능하다면 시인의 세계는 한층 넓어지고 조화로워질 것이 아닌가. 2부 〈알아요〉에 수록된 시들에서 이러한 시적 인식을 볼 수 있다. 「봄비」에서 바다에 떨어진 선명한 꽃 한 송이를 단추라고 보는 눈은, 그 꽃을 자신과 가장 가까이 끌어당긴 자의 발화다. 「결혼기념일」에서 연분홍과 하얀 연꽃 두 송이를 두고 '몰래 키운 사랑'의 연(緣)이라 한다면, 그 정경에 시적 화자의 인생을 투영한 형국이 된다.

하나 버리고 돌아서니
또 다른 게 들어선다

끝이 없어라,

달이 바닷물을 당기지 않을 때까지
반복될 저 욕심
　　-「밀썰물」

밀썰물은 밀물과 썰물을 아울러 이르는 말이다. 멀리 해안 도시가 바라보이는 바닷가에 한 줄기 파도가 밀려오고 있다. 아니 밀려가는 장면인지도 모른다. 이를 보면서 조석간만의 과학적 현상으로 설명하려는 이는 시인이 될 자격이 없다. 이 한 차례 파도의 유착(癒着)에서 삶의 숨은 문법을 목격할 수 있다면 그가 곧 시인이지 않을까. 이 시인은 '하나 다음에 또 다른 게 들어서는' 반복의 형상, 끝이 없는 그 모습에서 '욕심'을 보았다. 그 욕심은 '달이 바닷물을 당기지 않을 때까지 반복'될 것이라고 단호히 언명(言明)한다. 범상한 일상 가운데서 이처럼 명료한 삶의 방정식을 도출한 경우이니, 그는 좋은 디카시인이다.

아무리 차갑게 대해도
속마음은 그렇지 않다는 것을

지금은 잠시 침묵의 시간
　　－「알아요」

　시인은 이 시에 '알아요'라는 제목을 부여했다. 백설이 난분분한 겨울날의 설경 가운데, 아마도 매화일 시 분명한 선홍빛 꽃들이 찬연하다. 동매(冬梅)의 개화를 두고 선비의 지조를 노래하거나 연인의 절개를 표방한 시는 너무도 많지만, 이렇게 직관적인 영상과 견주어 본 실례는 찾기 어렵다. 디카시의 특장이자 강점이 바로 여기에 있다. 시인은 '아무리 차갑게 대해도 속마음은 그렇지 않다는 것'을 우리 모두 알고 있다는 어투로 말한다. '지금은 잠시 침묵의 시간'이라면, 머지않아 그 사태의 진면목을 함께 볼 수 있을 것이라는 뜻이다. 매화 설경과 마음속의 실상 그리고 이를 대하는 시인과 독자를 단숨에 하나의 꿰미로 엮어낸 시다.

3. 현상 너머 본질을 보는 시인의 눈

　시인은 일반적인 현상을 통하여 고유한 본질을 보는 자다. 현상은 사물이나 어떤 작용이 드러나는 바깥 모양새를 뜻하고, 본질은 사물을 그 자체이도록 하는 근본적인 성질을 지칭한다. 19세기 후반의 프랑스 시를 한 단계 끌어올린 아르튀르 랭보는 "시인이란 무한한 시간과 공간을 꿰뚫어 보고 인습적 개념의 제약과 통제를 넘어 예언자로서의 견자(見者, Voyant)가 되어야 한다"고 주장했다. 이는 결국 현상을 꿰뚫고 본질을 보아야 한다는 의미로 축약될 수 있다. 19세기 후반 이후의 프랑스 시인들 뿐만이 아니라, 세상의 모든 시인이 이 명제로부터 자유로울 수 없다. 이 시집 3부〈여름 향기〉에 실린 시들은, 황미연 시인의 이에 대한 노력을 담아낸다.「시인을 사랑하다」에서 '봄을 필사하는' 빈 배 한 척,「초상권 침해」에서 자기 방어권을 행사하려는 연꽃 한 송이의 언어가 모두 그렇다.

고요한 우주 안에
저 숨 막히는 적막
  -「여름 향기」

인용된 시는 어느 고즈넉한 사찰의 적막한 분위기 한 폭을 옮겨왔다. 가지런한 기와지붕 아래 반쯤 가려진 편액(扁額)은 아마도 향적전(香積展)인 것 같다. 사찰의 향적전은 대체로 외인을 위한 객실을 말한다. 정갈한 대나무 사립 안쪽의 여닫이 창호 문에는 밀짚모자 하나 고요히 걸려있다. 이 한 장의 사진만으로도 많은 담화를 전달한다. 사진의 좌우에는 담장이 넝쿨과 푸른 나뭇가지가 여름날임을 일러준다. 시인은 여기에 '여름 향기'라는 제목을 더하고, '고요한 우주' 안에 '숨 막히는 적막'이라고 그 의미의 원형을 설정했다. 고요한 우주는 불가(佛家)의 깊이 있는 훈도(薰陶)와 더불어 어렵지 않게 이해할 수 있는데, 숨 막히는 적막이라니! 시인은 이를 적막감의 강도를 표현하는 데 있어 가장 강력한 언표(言表)라 본 것일까.

당신만을 사랑한다던 그 말
거짓말이 아니었나 봐

눈에서만 멀어졌을 뿐
　　　－「여전히 마음은 붉고」

'여전히 마음은 붉고'라는 제목은 언뜻 일편단심(一片

丹心)이란 어휘를 떠올리게 한다. 오직 한 가지에 변함 없는 마음을 이를 때 '단심'이라 부른다. 사진은 회색 바위가 경사진 거친 표면을 드러낸 그 곁으로, 한 무리 나무와 꽃이 흐린 영상의 모습을 보이고 있다. 바위의 얼굴은 명료한데 나무와 꽃은 먼 후경(後景)처럼 숨죽였다. 그런데 세 송이 꽃의 빛깔은 분명히 붉은색으로 감각된다. 시인은 짐짓 이 사진의 대비된 구도를 활용하여, 사랑하는 이의 마음을 추정하는 형이상의 시를 산출했다. 비록 눈에서는 멀어졌을지라도 '당신만을 사랑한다던 그 말'이 거짓이 아니었다고 믿겠다는 것이다. 이 사랑의 진심이 사태의 본질인 셈이다.

4. 자연의 경물에서 섭생한 새 희망

시는 일상적인 언어로 말하지 아니한다. 시에 적용되는 언어의 규범은 '현실 법칙'이 아니라 '진실 법칙'이다. 그러기에 때로는 시적 파격이나 일탈이 허용되기도 한다. 그러기에 시인은 눈앞의 사실을 관찰하는 데서부터 상상력의 범주를 확장하여, 겉으로 드러나지 않은 새로운 세계를 꿈꿀 수 있다. 할 수만 있다면 팍팍한 삶의 현장에서, 그와 같은 시적 방법론으로 미래의 새로운 소망을 섭생할 수 있다면, 그보다 더 기껍고 흔연한 일이 없을 것이다. 이 시집의 4부 〈가을 소나타〉에서 만나는 시들이, 그렇게 자연의 풍광을 거쳐 꿈꾸는 자의 눈길을 촉발한다. 빙판 위에 집을 지은 「좋은 이유」나, 탱자나무 가시 속에 잘 영근 열매를 둔 「오히려」 같은 시가 그 증빙이다.

한 손 장인이
고군분투하며 받아 적은
물푸레나무의 전언

지금, 바람이 연주 중이다
  –「가을 소나타」

 시인은 인용된 시에 '가을 소나타'라는 이름을 부가했다. 물푸레나무를 이 모양 저 모양으로 다듬어 도마를 만들고, 일부는 걸이로 또 일부는 깔판 전시로 펼쳐 놓았는데, 바람이 불어 기울어진 흔들림을 감각 할 수 있다. 소나타라는 음악은 13세기부터 시작하여 널리 쓰인 악곡인데, 17세기 이후에는 소규모 악기군을 위한 곡을 뜻하게 되었다. 대조적 빠르기를 가진 몇 개의 악장으로 구성되며, 20세기 이후에는 형식과 악기 편성이 훨씬 자유로워졌다. 이를테면 우리에게 익숙한 음악이라는 뜻이다. 시인은 '한 손(手) 장인'이 고군분투하며 도마의 재료가 된 물푸레나무의 전언(傳言)을 받아 적었다고 했으며, 그것을 지금 바람이 연주 중이라고 보았다. 그런데 과연 그 전언의 문면(文面)은 무엇이었을까. 그에 대한 시인의 대답이 가을 소나타다.

산비탈에 번지는 불길은
양동이 물로 끈다지만

걷잡을 수 없이 타는 가슴
무엇으로 잠재울까
　　　－「애타다」

'애타다'라는 명패를 내 건 이 시는, 작은 언덕 아래에 물지게를 받쳐두고 가까운 거리의 경사면에 줄지어 선 상사화의 행렬을 마주한다. 사진이 분명하지 않으니 어쩌면 꽃무릇일지도 모르겠다. 시인은 이 꽃의 붉은색을 두고 '산비탈에 번지는 불길'을 소환했다. 그 불은 양동이의 물로 끌 수 있겠으되, '걷잡을 수 없이 타는 가슴'의 불길은 무엇으로 잠재울 수 있을까를 묻는다. 가슴의 불길이 상사의 징표라면, 기실 해결책이 있기 어렵다. 물지게의 두 동이 물로써 가능할 형편이 아니다. 그런데 여기에서 자칫 우리가 놓치기 쉬운 대목이 있다. 이 메마른 세태 속에서 상사의 화(花)에서 화(火)를 불러오는 가슴의 동계(動悸)가 얼마나 행복한 경험인가에 대한 것이다. 이렇게 인본주의적 감성이 살아 있다면, 우리에게 아직 희망이 있다고 강변해도 되지 않을까.

동양 문화권의 정신 수양에 '언어도단(言語道斷)이면 심행처멸(心行處滅)'이라는 언사가 있다. 언어의 길이 끊어지고 마음 가는 곳이 없어진다고 하니, 문제는 그 다음이다. 아무것도 남지 않은 공(空)의 자리에 다음 단계인들 합당한 답변이 있기 어려울 터이나, 이 궁벽한 환경 가운데서 시와 시인은 제 방식으로 운신의 폭을 가질 수 있지 않을까. 항차 시를 통해 삶의 새 기력을 회복하고 언어의 길이 끊어진 곳에 마음으로 가는 길을 모색해 보려는 고투가 어찌 값있다 하지 않겠는가. 이제까지 우리가 공들여 읽은 황미연의 디카시들은, 바로 이와 같은 희망의 소리요 그것을 북돋우는 섬세한 관찰과 결곡한 표현력의 산물이었다. 그런 연유로 앞으로 그의 수발(秀拔)한 작품들을 기다리며, 더 큰 문학적 성취를 기대해 마지않는다.

창연디카시선 023

여전히 마음은 붉고

2024년 10월 31일 초판 1쇄 발행

지 은 이 | 황미연
편   집 | 이소정
펴 낸 이 | 임창연
펴 낸 곳 | 창연출판사
주   소 | 경남 창원시 의창구 읍성로 36
출판등록 | 2013년 11월 26일 제2013-000029호
전   화 | (055) 296-2030
팩   스 | (055) 246-2030
E‒mail | 7calltaxi@hanmail.net

값 15,000원
ISBN 979-11-91751-65-9   03810

ⓒ 황미연, 2024

* 이 책의 판권은 저자와 창연출판사에 있습니다.
* 양측의 서면 동의 없이 무단 전재나 복제를 금합니다.
* 이 책은 (재)구미문화재단「2024 구미 예술창작지원사업」으로 발간되었습니다.